홍승희쌤의 친절한

크로매틱
하모니카

Chromatic Harmonica

홍승희 저

태림스코어

머리말

크로매틱 하모니카는 트레몰로 하모니카와는 다르게, 일반 관악기처럼 하나의 구멍에서 한 음만 나오도록 설계되어 있습니다. 그래서 상대적으로 맑고 깨끗한 소리가 납니다. 그뿐 아니라 옆에 있는 슬라이드 레버를 누르면 반음 처리도 가능해 보유하고 있는 하모니카의 음역대에 맞으면 어떤 곡도 정확한 음정으로 연주가 가능합니다.

그동안 크로매틱 하모니카의 장점을 살린 누구나 쉽게 불 수 있는 교본이 없어서 독학하는 데 많은 어려움이 있었습니다. 그런 과정을 경험하여 이번에 체계적인 음악 이론과 더불어 혼자서도 익힐 수 있는 악보와 모범 연주 영상이 담긴 교재를 발간하게 되었습니다.

교재 모범 연주 영상에서는 하모니카 소리가 더 돋보일 수 있도록 일반 피아노 반주가 아닌 클래식 기타리스트 선생님의 연주에 맞춰 연습할 수 있도록 하였습니다. 그리고 오선보에 익숙해질 수 있도록 이동도법이 아닌 고정도법을 사용한 숫자 보를 채택하였습니다. 영상과 악보를 보면서 자신의 속도로 따라 하신다면 나중에는 훌륭한 연주지가 될 수 있는 기초를 튼튼히 하실 수 있을 것입니다.

어렵다고만 생각하지 마시고 한 걸음 한 걸음 두전하여 나만의 플레이 리스트가 쌓여 간다면, 어느새 맑고 아름다운 크로매틱 하모니카의 음색을 통해 힐링 되고 풍성한 삶을 느끼실 수 있을 것입니다.

이 책이 나오기까지 애써주신 현석호 이사님과 황세빈 팀장님, 태림스코어 출판 관계자님들께 고마움을 전합니다.

저자 **홍승희**

1부
크로매틱 하모니카에
대해서

하모니카는 기원전 3000년 중국의 쉥(Sheng)이라고 부르는 관악기에서 그 유래를 찾을 수 있습니다. 이 악기는 가느다란 대나무 관들이 통에 둥글게 박혀 있고, 통 가운데 입김을 불어 넣는 부리 모양의 취구가 달려있어 숨을 들이쉬고 내쉴 때마다 쇠붙이로 된 리드(Reed)가 떨려 소리가 납니다. 또 쉥은 우리나라 고려시대(예종 9년)에 중국 북송으로부터 '생황'이라는 이름으로 들어왔습니다. 그 후 18세기경 이탈리아의 동양 여행가인 마르코 폴로(Marco Polo)가 이 악기를 유럽에 처음 소개하였으며, 더욱 진화되어 오르간, 아코디언, 색소폰, 하모니카 등이 만들어졌다고 합니다.

1장 크로매틱 하모니카 알아보기

하모니카는 아코디언, 반도네온, 리드 오르간을 포함하는 프리 리드 악기군으로 분류되며, 온음계 하모니카와 반음계 하모니카의 두 가지 유형이 있습니다. 온음계인 트레몰로 하모니카는 가장 인기 있는 하모니카로, 하나의 키로만 연주하도록 제작되어 있지만, 밴딩 및 오버 밴딩과 같은 기술을 통해 반음계를 연주할 수 있습니다. 반음계인 크로매틱 하모니카는 트레몰로 하모니카에 비해 좀 더 크고, 오른쪽에 있는 슬라이드 레버(Slide Lever)로 구별됩니다. 크로매틱 하모니카는 일반적으로 3옥타브(12홀)에서 4옥타브(16홀)까지의 음을 낼 수 있습니다. 슬라이드 레버를 누르면 음표를 반음 위(♯)로 조 옮김을 할 수 있으며, 처음에는 슬라이드 레버를 누르지 않고 온음계만 연주하는 방법을 배웁니다. 한 홀에 4개의 음을 낼 수 있으며, 리드 사이에 있는 윈드 세이버(Wind Saver)는 연주 시 깔끔한 공명과 호흡을 하는 데에 도움을 줍니다. 슬라이드 레버를 누르지 않으면 C Key(도)의 리드판이, 슬라이드 레버를 누르면 C♯ Key(도♯)의 리드판이 올라오도록 제작되어 들숨과 날숨만으로 12음 크로매틱 스케일을 쉽게 연주할 수 있습니다. 따라서 크로매틱 하모니카 연주자들은 거의 모든 키의 음악을 C Key(도) 하모니카 하나로만 연주합니다.

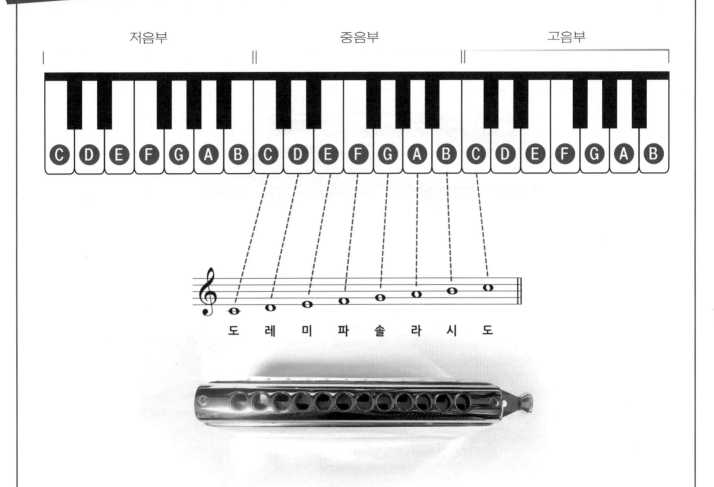

크로매틱 하모니카는 피아노의 구조와 같습니다. 12홀은 3옥타브, 4옥타브, 16홀은 4옥타브까지 가능합니다.

〈슬라이드 레버를 누르지 않을 경우〉

	저음부				중음부				고음부			
숫자	1	2	3	4	5	6	7	8	9	10	11	12
불 때 ↑	도	미	솔	도	도	미	솔	도	도	미	솔	도
마실 때 ↓	레	파	라	시	레	파	라	시	레	파	라	시

〈슬라이드 레버를 누를 경우〉

	저음부				중음부				고음부			
숫자	1	2	3	4	5	6	7	8	9	10	11	12
불 때 ↑	도♯	미♯	솔♯	시♯	도♯	미♯	솔♯	시♯	도♯	미♯	솔♯	시♯
마실 때 ↓	레♯	파♯	라♯	도♯	레♯	파♯	라♯	도♯	레♯	파♯	라♯	도♯

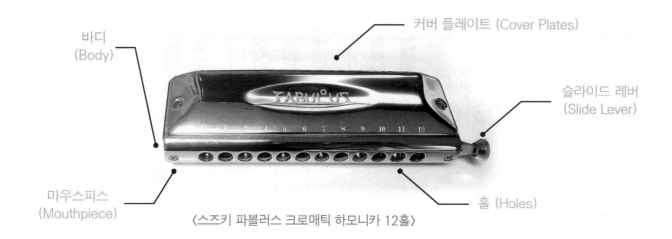

바디
(Body)

커버 플레이트 (Cover Plates)

슬라이드 레버
(Slide Lever)

마우스피스
(Mouthpiece)

홀 (Holes)

〈스즈키 파블러스 크로매틱 하모니카 12홀〉

바디(Body) 하모니카 전체를 명칭

커버 플레이트(Cover Plates) 하모니카의 몸체를 보호해주는 덮개

슬라이드 레버(Slide Lever) 반음을 올리는 버튼(♯, ♭시 사용)

마우스피스(Mouthpiece) 연주자의 입술이 닿는 부분, 구멍을 통해 들숨과 날숨으로 소리를 냄

홀(Holes) 음을 낼 수 있는 구멍

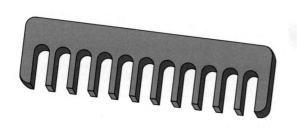

콤 (Comb)

리드 플레이트 (Reed Plates)

콤(Comb) 생선 가시처럼 생긴 내부의 뼈대로 위아래 두 개의 칸으로 나누어져 있으며, 전통적으로는 나무로 제작되었지만, 오늘날에는 플라스틱, 알루미늄 등으로 제작됨

리드 플레이트(Reed Plates) 하모니카의 리드(Reed)를 배열해 놓은 판

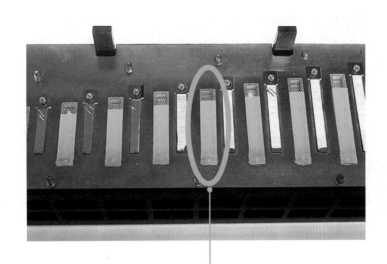

윈드 세이버 (Wind Saver)

<u>윈드 세이버(Wind Saver)</u> 리드 플레이트의 구멍 위 리드 사이사이에 붙어 있는 얇고 투명한 긴 판

 하나의 구멍에서 불고 마실 때마다 다른 소리를 명확하게 내려면 한쪽이 공기 흐름을 차단해 줘야 합니다. 즉 윈드 세이버는 공기 흐름을 효과적으로 막았다가 열어주는 역할을 합니다.

윈드 세이버가 잘 작동하지 않는 경우와 해결법

✓ 하모니카 동판의 온도가 차가워서 윈드 세이버와 동판 사이에 이슬이 맺히는 경우

> 날씨가 춥고 습기가 많은 날, 날숨의 음에서 자주 나타나는 현상이므로 연주하기 전에 하모니카를 예열해 주세요.

✓ 점액질의 끈끈한 성분이 쌓여서 윈드 세이버가 동판에 달라붙어 잘 떨어지지 않는 경우

✓ 위아래의 윈드 세이버가 서로 달라붙어 있는 경우

> 오래 사용하다 보면 노폐물이 들러붙어 생기는 현상이므로, 이쑤시개 같은 도구에 알코올을 묻혀 잘 닦아주면서 서로 판을 떼어놓으면 됩니다.

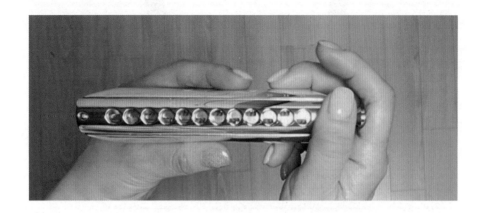

　건반악기와 마찬가지로 왼쪽은 낮은 음, 오른쪽은 높은 음이 나도록 잡습니다. 왼손 엄지와 검지는 바디를 잡고, 중지는 밑에서 악기를 받치며, 약지와 새끼손가락은 마이크를 잡는 역할을 합니다. 오른손 검지손가락은 슬라이드 레버를 누를 때 사용하며, 오른쪽 검지손가락을 세로로 펴고 두 번째 마디로 슬라이드 레버를 누릅니다. 하모니카는 연주자의 양쪽 눈을 가로지르는 가상의 수평선과 평행하게 유지되며, 연주하는 동안 위치가 변경되어서는 안 되고, 머리는 고정하고 악기를 움직이는 것이 바람직합니다.

4. 하모니카 호흡 방법

　크로매틱 하모니카는 호흡으로 연주하는 악기입니다. 신체 배꼽 부분의 횡격막 부위에 손을 대고 숨을 쉬어보면, 숨을 들이마시고 내쉴 때 숨이 들어왔다가 나가는 것을 느낄 수 있습니다. 좋은 연주자가 되려면 내쉬는 호흡과 들이마시는 호흡이 일정해야 합니다. 저음과 중음, 고음의 호흡법은 조금씩 다릅니다. 저음의 음역대에서는 호흡을 세게 넣지 않습니다. 중음의 음역대에서는 소리가 쉽게 잘 나며, 고음의 음역대에서는 좀 더 집중된 호흡이 요구됩니다. 예쁜 소리가 나도록 꾸준히 호흡 연습하시길 권합니다.

크로매틱 하모니카를 연주하는 두 가지 방법이 있습니다.

① 퍼커(휘파람 방법)

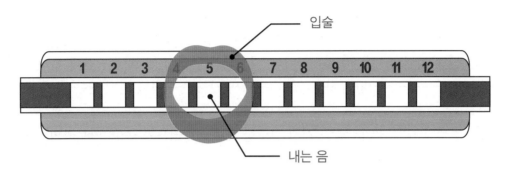

휘파람을 불듯 입을 오므리고 악기를 연주하는 것입니다. 반드시 하나의 음만 불어야 하며, 날숨이나 들숨일 때 두 개 이상의 음이 들리면 입술이 앙부슈어에서 충분히 오므려지지 않았거나 두 음 사이에 있는 것입니다. 혀끝으로 대어보면 우리가 올바른 구멍에 맞춰져 있는지 알 수 있습니다.

앙부슈어(Embouchure) 연주 시 입술 모양 잡기(입술 근육의 긴장도)

② 텅블럭(혀 차단방법)

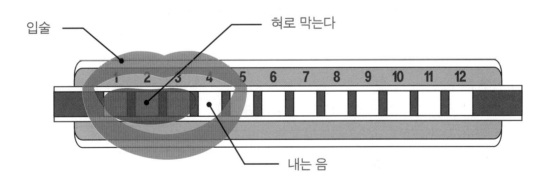

입의 오른쪽 끝에서 주 멜로디를 연주하면서 왼쪽에 있는 구멍을 혀끝으로 막는 것입니다. 예를 들어 5번 홀에서 '도'를 연주하고 싶다면 4번과 5번 홀에 입을 대고 혀끝으로 4번 홀을 막아 5번 홀에서 '도' 음을 냅니다.

둘 중에 어떤 방법이 좋은지는 결정하기가 어렵습니다. 다만 어떤 방법이 가장 자연스럽게 느껴지는지 천천히 불어보면서 본인에게 맞는 방법을 선택하는 것이 가장 좋습니다.

서서 연주하는 것과 앉아서 연주하는 것 모두 익숙해져야 합니다.

✓ 머리는 똑바로 세우고 정면을 향하며 턱은 약간 들어 올립니다.

✓ 턱을 내리고 팔꿈치가 가슴에 붙지 않도록 합니다. 연주할 때의 가장 편안한 자세를 찾아야 합니다.

✓ 악기를 잡았을 때 팔을 약간 들어서 주먹이 들어갈 정도의 간격을 두는 것이 좋습니다. 특히 연주 중에는 허리를 곧게 펴서 자세를 바르게 합니다. 하모니카를 입에 댈 때에는 팔에 무리한 힘을 주거나 얼굴을 좌우로 너무 돌리지 말고, 하모니카와 얼굴의 각도가 수평이 되게 잡는 것이 가장 좋은 자세입니다.

✓ 발은 앉아서 연주할 때는 30cm 정도, 서서 연주할 때는 40° 정도가 좋고, 악보와의 거리는 60cm 정도가 좋습니다. 눈높이는 15° 정도 아래 방향으로 두는 것이 좋습니다.

① 하모니카 연주 시작 전
  - 손을 잘 닦습니다.
  - 물로 입안을 헹굽니다.
  - 두 손으로 하모니카를 감싸 안아 따뜻하게 해줍니다.

② 하모니카 연주 중
  - 침이 고이거나 이물질이 붙으면 소리가 떨리거나 잘 나지 않습니다.
  - 수시로 가볍게 손바닥에 두들기거나 흔들어서 침을 제거합니다.

③ 하모니카 연주 후
  - 침을 모두 제거한 뒤 취구를 면봉이나 헝겊으로 닦습니다.
  - 바람이 잘 통하고 그늘진 곳에서 자연스럽게 말립니다.

④ 하모니카 수리
  - 너무 세게 불거나 마시면 리드가 손상되어 음정이 변할 수 있는데, 리드를 줄로 갈아서 음의 높낮이를 조절합니다. 높일 때는 리드의 바깥쪽을, 낮출 때는 안쪽을 갈아 줍니다. 그러나 손상 정도가 심하면 전문가나 악기회사에 수리를 의뢰하는 것이 좋습니다.

① 중음 숫자보
1(도), 2(레), 3(미), 4(파), 5(솔), 6(라), 7(시)로 나타냅니다.

② 고음 숫자보
1옥타브 위의 음은 숫자 위에 점을 한 개(·), 2옥타브 위의 음은 숫자 위에 점을 두 개(:) 나타냅니다.

③ 저음 숫자보
1옥타브 아래의 음은 숫자 밑에 점을 한 개(·), 2옥타브 아래의 음은 숫자 밑에 점을 두 개(:) 나타냅니다.

음표의 길이는 숫자에 짧은 선을 그어 나타냅니다. 박자를 잘 확인하세요.

쉼표는 0으로 나타냅니다.

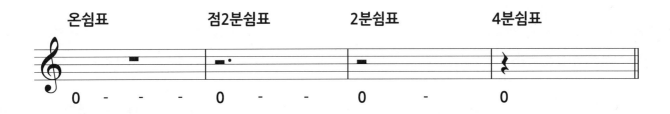

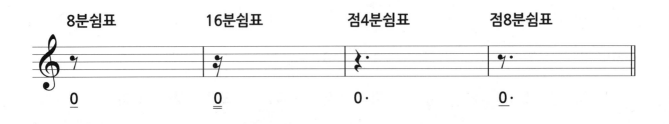

1) 도돌이표
악보 전체 또는 특정 부분을 되풀이해서 연주하는 표시입니다.

도돌이표가 마주 보고 있는 경우 예시와 같이 연주합니다.

연주순서 : A - B - C - B - C - D

아래와 같은 도돌이표에 1, 2 표시가 있을 경우 예시와 같이 연주합니다.

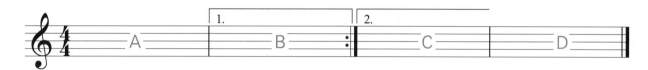

연주순서 : A - B - A - C - D

2) **D.C.** (다 카포)
D.C. (다 카포)는 처음으로 되돌아간다는 뜻입니다. 주로 마침의 의미인 *Fine*(피네)와 함께 사용합니다.
다카포를 사용할 때는 겹 세로줄을 그려줍니다.

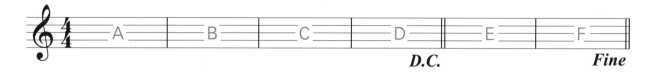

연주순서 : A - B - C - D - A - B - C - D - E - F

3) **D.S.** (달 세뇨)

D.S. (달 세뇨)는 %(세뇨)로 돌아가 세뇨부터 **Fine**(피네)까지 연주하는 기호입니다.

연주순서 : A - B - C - D - E - F - D - E - F - G

4) **Coda**(코다)

D.C. (다 카포)나 **D.S.** (달 세뇨)로 반복 연주할 때 '⊕(코다) ~ ⊕(코다)' 구간을 생략해서 연주합니다. 코다를 사용하여 연주할 때는 **D.C.**와 **D.S.**에 **al Coda**를 붙여줍니다.

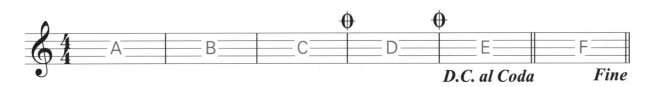

연주순서 : A - B - C - D - E - A - B - C - E - F

5) *Fine*(피네)

Fine(피네)는 곡의 마지막을 의미합니다. *D.C.* (다 카포)나 *D.S.* (달 세뇨)로 반복한 후, *Fine*에서 연주를 마칩니다.

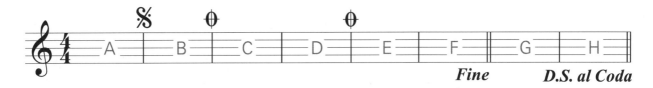

연주순서 : A - B - C - D - E - F - G - H - B - E - F

6) *al Coda*와 *al Fine*

- *D.C.al Coda* : 처음으로 돌아가 '⊕ ~ ⊕'를 생략 후 연주합니다.
- *D.C.al Fine* : 처음으로 돌아가 *Fine*에서 마칩니다.
- *D.S.al Coda* : 세뇨로 돌아가 '⊕ ~ ⊕' 생략 후 연주합니다.
- *D.S.al Fine* : 세뇨로 돌아가 *Fine*에서 마칩니다.

2장 크로매틱 하모니카 연습 방법

　　중음은 5번 홀~ 8번 홀입니다. 크로매틱 12홀은 3옥타브로 되어 있으며, 저음부, 중음부, 고음부로 되어 있습니다. 트레몰로와 같이 도, 미, 솔은 날숨↑, 레, 파, 라, 시는 들숨↓입니다. 중음부 5번 홀에서 하모니카를 움직이지 말고 '도'와 '레'를 한 구멍에서 소리를 내고, 6번 홀에서 '미'와 '파'의 소리를 낼 때는 5번 홀에서 6번 홀로 슬라이딩 동작으로 움직여야 합니다.

1-1
....

모범 연주

　　소리를 지속시키는 연습을 위해 온음표로 4박자를 충분히 지킵니다. 이 단계에서는 음을 연결하는 것에 대해 걱정하지 말고 싱글 음을 내기 위해 연습합니다. 퍼커를 사용하는 경우 하모니카에 입술을 대고 혀끝을 사용하여 구멍을 찾아 불 수 있습니다.

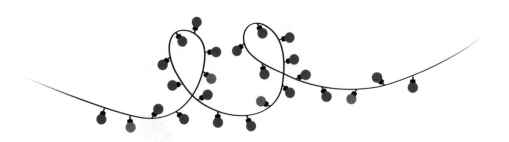

1-2

모범 연주

* 5번 홀에서 시작

도돌이표가 있으므로 두 번 반복한다.

두 박자의 음이 흔들리지 않게 정확한 싱글 음을 내도록 연습합니다.

1-3

모범 연주

* 5번 홀에서 시작

5번 홀에서의 날숨과 들숨을 정확하게 하며, 슬라이딩으로 옆의 홀로 이동하여 음을 찾는 연습을 합니다. 4분음표(1박)와 온음표(4박)의 박자를 정확하게 지킵니다.

1-4

모범 연주

* 5번 홀에서 시작

처음에는 어렵겠지만 입모양이 바뀌지 않도록 하며 싱글 음을 내도록 연습해야 합니다. 도돌이표의 기호를 정확하게 지켜 두 번 반복합니다.

1-5

* 6번 홀에서 시작

　　4분음표(1박)와 온음표(4박)의 박자를 정확하게 지킵니다. 도돌이표의 기호를 정확하게 지켜 두 번 반복합니다.

1-6

* 7번 홀에서 시작

　　4분음표(1박)와 온음표(4박)의 박자를 정확하게 지킵니다. 도돌이표의 기호를 정확하게 지켜 두 번 반복합니다.

1-7

* 8번 홀에서 시작

　　4분음표(1박)의 박자를 정확하게 지킵니다. 도돌이표의 기호를 정확하게 지켜 두 번 반복합니다.

1-8

늘임표(Fermata) : 본래의 박자보다
두 세배 늘여서 연주한다.

* 5번 홀에서 시작

한 호흡으로 4분음표(1박)의 길이를 정확히 지키면서 두 번 반복합니다. 제일 중요한 것은 싱글 음이 정확히 나와야 합니다.

1-9

* 8번 홀에서 시작

4분음표(1박)의 박자를 정확하게 지킵니다. 도돌이표의 기호를 정확하게 지켜 두 번 반복합니다.

1-10

* 5번 홀에서 시작

옆의 홀로 슬라이딩해서 넘어갈 때 정확한 음이 나오는지 체크하며, 두 홀을 건너뛰지 않게 조심해야 합니다.

1-11

모범 연주

* 5번 홀에서 시작

5번 홀에서 6번 홀로 슬라이딩 이동할 때는 자연스럽게 한 홀만 움직입니다.

1-12

모범 연주

* 5번 홀에서 시작

1-13

모범 연주

* 6번 홀에서 시작

1-14

모범 연주

* 6번 홀에서 시작

4   5   6   5   4   5   6   5

1-15

모범 연주

* 7번 홀에서 시작

5   6   7   6   5   6   7   6

1-16

모범 연주

* 7번 홀에서 시작

6   7   i   7   6   7   i   7

1-17

모범 연주

* 5번 홀에서 시작

1   2   3   2   3   4   3   4   5   4   3   2   1

1-18

* 6번 홀에서 시작

3 4 5   4 5 6   5 6 7   1 7 6   5

1-19

* 8번 홀에서 시작

1 7 6   7 6 5   6 5 4   5 4 3   4 3 2   3 2 1   1

1-20

* 8번 홀에서 시작

1 7 6   5 6 7   1 7 6   5 6 7   1

1-21

* 7번 홀에서 시작

5 4 3   2 3 4   5 4 3   2 3 4   5

1-22

* 5번 홀에서 시작

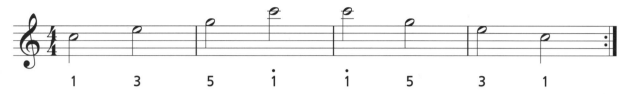

2분음표의 두 박자를 정확히 세면서 옆의 홀로 부드럽게 슬라이딩하며 정확한 음을 불도록 연습합니다. 절대로 두 홀을 건너뛰지 않도록 주의합니다.

1-23

* 5번 홀에서 시작

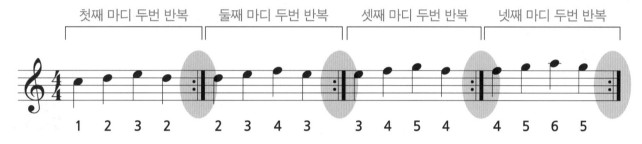

한 마디마다 도돌이표가 있기 때문에 한 마디를 두 번 하고 넘어갑니다.

1-24

*7번 홀에서 시작

1-25

* 6번 홀에서 시작

1-26

비행기

모범 연주

윤석중 작사
외국곡

* 6번 홀에서 시작

1-27

거미가 줄을 타고 올라갑니다

모범 연주

작자미상
외국곡

* 5번 홀에서 시작

1-28

모범 연주

* 5번 홀에서 시작

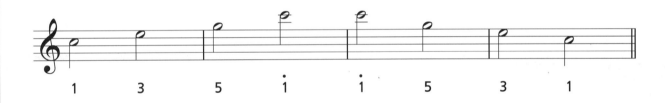

1-29

모범 연주

* 5번 홀에서 시작

29

1-30

* 6번 홀에서 시작

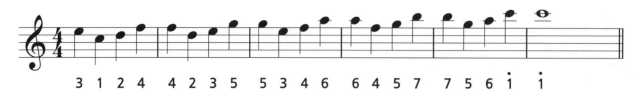

3 1 2 4   4 2 3 5   5 3 4 6   6 4 5 7   7 5 6 i̇   i̇

2. 저음 연습

저음은 1번 홀~ 4번 홀입니다. 저음에서의 소리는 호흡을 많이 넣으면 나지 않습니다. 호흡을 많이 뺀 상태로 소리를 약하고 길게 내는 연습을 합니다. 특히 저음 '파' 음이 잘 나지 않습니다. 포기하지 마시고 계속 연습하면 소리가 나옵니다.

2-1

* 1번 홀에서 시작

1번 홀		2번 홀		3번 홀		4번 홀	
1	2	3	4	5	6	7	1
도↑	레↓	미↑	파↓	솔↑	라↓	시↓	도↑

2-2

* 3번 홀에서 시작

두 개 모두 들숨이기 때문에 충분히 들이마시고 소리를 냅니다. 처음에는 호흡이 짧아 어려울 수 있지만, 충분한 연습 후에는 어렵지 않을 것입니다.

2-3

* 3번 홀에서 시작

호흡을 조금 빼고 길게 소리를 냅니다.

2-4

* 3번 홀에서 시작

도돌이표가 있으므로 두 번 반복합니다.

2-5

모범 연주

* 4번 홀에서 시작

1 7 6 7 1 7 6 7 1

2-6

모범 연주

* 3번 홀에서 시작

5 4 3 2 1 2 3 4 5

2-7

모범 연주

* 2번 홀에서 시작

3 1 2 4 2 3 5 3 4 6 4 5 5

2-8

* 1번 홀에서 시작

2-9

* 3번 홀에서 시작

2-10

* 3번 홀에서 시작

이 몸이 새라면

* 5번 홀에서 시작

안병원 작사
작자미상

반복되는 음을 정확하게 냅니다.　　　　점음표의 리듬을 잘 지켜 연주합니다.

이 몸 이　새　라 면　이 몸 이　새　라 면

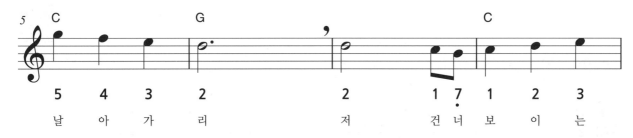

날 아 가 리　　　저　건 너 보 이 는

저　건 너 보 이 는 작 은 섬 까 지

반달

* 7번 홀에서 시작

윤극영 작사 · 작곡

모범 연주

붙임줄(Tie) 같은 음을 연결하며, 첫 음만 소리를 내고 박자만큼 부릅니다.

이음줄(Slur) 다른 음을 연결하며, 부드럽게 이어 부릅니다.

2-13

* 1번 홀에서 시작

1 2 3 4 3 4 5 6 5 6 7 1 1

2-14

* 1번 홀에서 시작

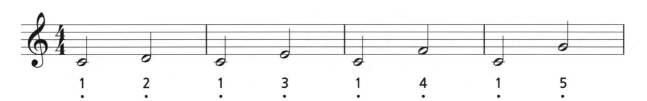

1 2 1 3 1 4 1 5

1 6 1 7 1 1 1

2-15

* 5번 홀에서 시작

1 1 7 1 6 1 5 1

4 1 3 1 2 1 1

36

2-16

모범 연주

* 1번 홀에서 시작

1 2 3 4 5 6 7 1 2 3 4 5 6 7 1 1 7 6 5 4 3 2 1 7 6 5 4 3 2 1

C Key 스케일입니다. 천천히 반복적인 연습이 필요합니다. 음이탈이 되지 않도록 천천히 연습하며, 빠르고 부드럽게 연주될 때까지 반복 연습 합니다.

2-17

모범 연주

* 1번 홀에서 시작

1 3 2 4 3 5 4 6 5 7 6 1 1

2-18

모범 연주

* 5번 홀에서 시작

1 7 6 5 7 6 5 4 6 5 4 3 5 4 3 2 4 3 2 1 3 2 1 2 1

고음은 9번 홀~12번 홀입니다. 고음에서의 소리는 저음에서처럼 호흡을 많이 넣으면 잘 나지 않습니다. 호흡을 많이 뺀 상태로 소리를 약하고 길게 내는 연습을 합니다.

3-1

모범 연주

* 9번 홀에서 시작

작은 소리로 길게 부는 연습을 합니다. 또한 정확한 홀을 찾는 연습을 합니다.

3-2

모범 연주

* 9번 홀에서 시작

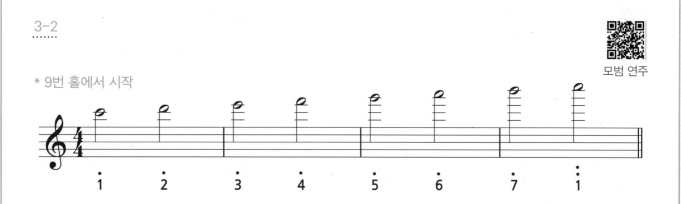

2분음표의 두 박자를 정확히 지키면서 충분한 호흡으로 끊어지지 않게 다음 음으로 연결하도록 주의합니다.

3-3

* 9번 홀에서 시작

한 옥타브 위에서 연주합니다.

3-4

* 12번 홀에서 시작

3-5

* 9번 홀에서 시작

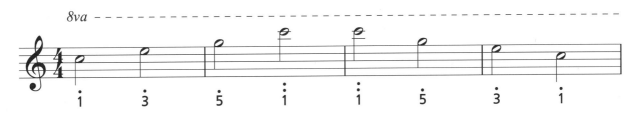

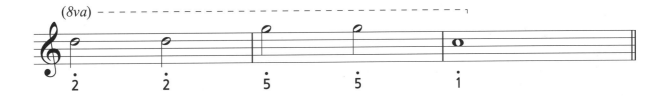

악보에 기입된 것보다 한 옥타브 위에서 연주합니다. 충분한 호흡으로 천천히 길게 음을 유지합니다.

어떤 음을 변화시키는 기호를 뜻하며, 변화표가 붙는 위치에 따라 음을 일시적으로 바꾸거나 곡 전체의 음을 변화시킬 수 있습니다.

샤프 / Sharp 원래의 음에서 반음을 올립니다.

플랫 / Flat 원래의 음에서 반음을 내립니다.

제자리표 / Natural 원래의 음으로 되돌아갑니다.

하모니카 오른쪽에 있는 슬라이드를 레버(Lever)라고 합니다. 오른손 검지 손가락의 두 번째나 세 번째 마디로 누르며, 안전하게 잡을 수 있도록 연습합니다. 레버를 누르면 음의 소리가 반음 더 높아집니다.

하모니카는 샤프(♯)의 악기이기 때문에 플랫(♭)에서는 딴이름한소리인 샤프(♯)로 표기합니다. 예를들어, 5번 홀 '도'를 불면서 레버를 누르면, 반음이 올라간 도 샤프(C♯=D♭)가 됩니다. 또한 '레'를 불면서 레버를 누르면, 반음이 올라간 레 샤프(D♯=E♭)가 됩니다.

레버는 변화가 필요한 음마다 변화표를 붙여 임시로 음을 바꿔주는 임시표의 역할을 하게 됩니다. 여기에는 몇가지 규칙이 있습니다.

- 임시표가 붙은 음은 그 마디 안에서만 효력을 갖습니다.
- 같은 마디 안에 변화표가 붙으면 그 다음 음은 저절로 효력을 갖습니다.
- 마디를 벗어나면 원래 음으로 돌아가게 됩니다.

4-1

모범 연주

* 5번 홀에서 시작

위의 악보에서 첫 번째 '도'에 샤프(♯)가 붙었으므로, 두 번째 '도'에는 아무런 표시가 없어도 '도'에 샤프(♯)가 붙습니다. 하지만 그 다음 마디에 있는 '도'는 마디를 벗어났기 때문에 원래의 '도'가 되는 것입니다.

* 6번 홀에서 시작

파 샤프(♯)를 할 때는 천천히 레버를 누르면서 파 샤프(♯)의 음 길이까지 충분히 레버를 유지한 후, 떼면서 '솔' 음의 날숨으로 호흡을 전환합니다. 레버를 누르는 손가락에 힘이 잔뜩 들어가지 않게 유의하면서 레버를 누르고 떼는 음이 자연스럽게 연결될 때까지 천천히 반복적으로 연습합니다.

4-3

* 7번 홀에서 시작

모범 연주

* 7번 홀에서 시작

6마디의 경우, 임시표가 나왔을 때 해당 마디에서만 유효하고 마디를 벗어나면 임시표의 효력은 사라집니다. 음이 레버로 인해 끊어지거나 잡음이 들어가지 않도록 천천히 연습합니다.

딴이름한소리(이명동음) 같은 음이지만 이름이 다른 음

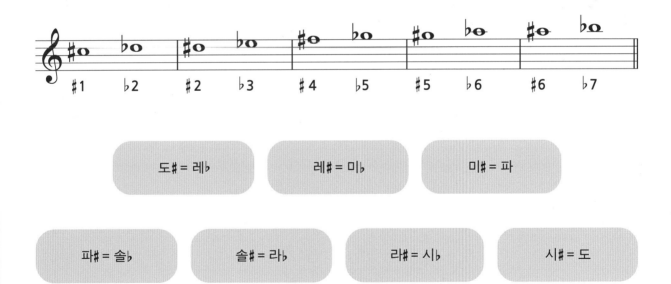

- 하모니카는 샤프(♯) 악기이기 때문에 모든 플랫(♭)을 샤프(♯)로 바꿔서 연주해야 합니다.
- 한 음을 내린 후에 레버를 눌러 반음을 올립니다.

4-5

모범 연주

* 5번 홀에서 시작

3마디의 악보는 시 플랫(♭)이지만 라 샤프(#)로 연주합니다. 음이 끊어지지 않게 자연스러운 연결이 되도록 충분히 연습을 합니다.

4-6

모범 연주

* 5번 홀에서 시작

4번째 마디에서는 솔 플랫(♭)이지만 딴이름한소리인 파 샤프(#)로 연주합니다. 솔은 날숨이고, 파는 들숨이라서 호흡전환이 생기게 됨으로 주의하셔야 합니다. 자연스러운 연주가 되도록 많은 반복 연습이 필요합니다.

2부
하모니카
연주곡

비행기

작사 윤석중
작곡 외국곡

모범 연주   반주

C							G			C		
3	2	1	2	3	3	3	2	2	2	3	3	3
떴	다	떴	다	비	행	기	날	아	라	날	아	라

C							G				C	
3	2	1	2	3	3	3	2	2	3	2	1	
멀	리	멀	리	날	아	라	우	리	비	행	기	

거미가 줄을 타고 올라갑니다

모범 연주   반주

작사 작자미상
작곡 외국곡

C					G7				C	
1	1	2	3	3	2	1	2	3	1	
거	미	가	줄을	타고	올	라	갑	니	다	

C					G7				C	
3	3	4	5	5	4	3	4	5	3	
비	가	-	오	면	부	서	집	니	다	

C					G7				C	
1	1	2	3	3	2	1	2	3	1	
거	미	가	줄을	타고	올	라	갑	니	다	

작은 별

모범 연주 반주

작사 Jane Taylor
작곡 Wolfgang Amadeus Mozart

C   F   C   F   C   G7   C

1 1 5 5 6 6 5   4 4 3 3 2 2 1
반 짝 반 짝 작 은 별   아 름 답 게 비 치 네

C   F   C   G7   C   F   C   G7

5 5 4 4 3 3 2   5 5 4 4 3 3 2
서 쪽 하 늘 에 서 도   동 쪽 하 늘 에 서 도

C   F   C   F   C   G7   C

1 1 5 5 6 6 5   4 4 3 3 2 2 1
반 짝 반 짝 작 은 별   아 름 답 게 비 치 네

47

작사 작자미상
작곡 독일 민요

나비야

모범 연주   반주

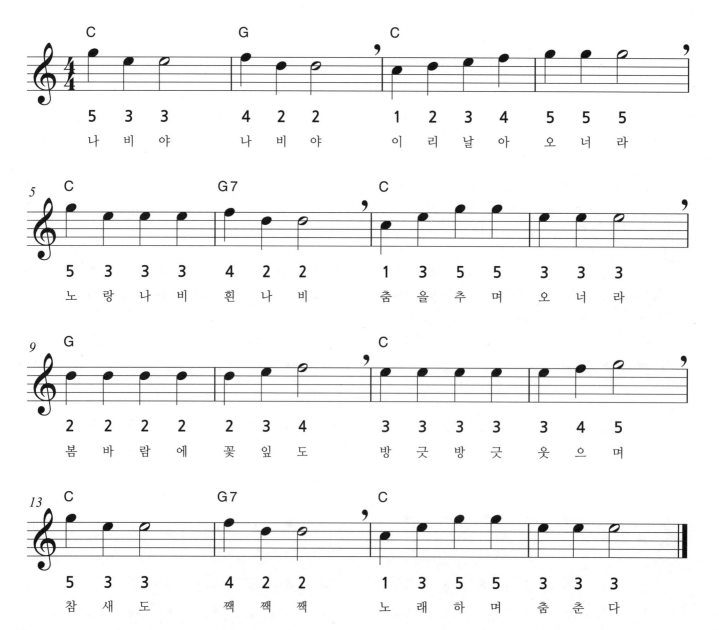

종소리

작사·작곡 James Pierpont

3 3 3 3 3 3 3 5 1 2 3
종 소 리 울 려 라 종 소 리 울 려

4 4 4 4 4 3 3 3 3 2 2 1 2 5
우 리 썰 매 빨 리 달 려 종 소 리 울 려 라

3 3 3 3 3 3 3 5 1 2 3
종 소 리 울 려 라 종 소 리 울 려

4 4 4 4 4 3 3 3 5 5 4 2 1
기 쁜 노 래 부 르 면 서 빨 리 달 리 자

성자들의 행진

작사 · 작곡 미국 전통 민요

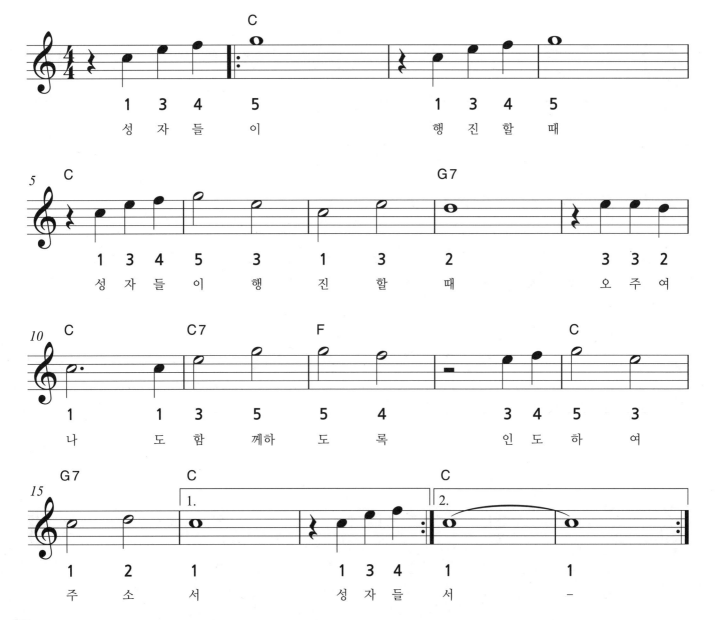

자전거

모범 연주   반주

작사 목일신
작곡 김태현

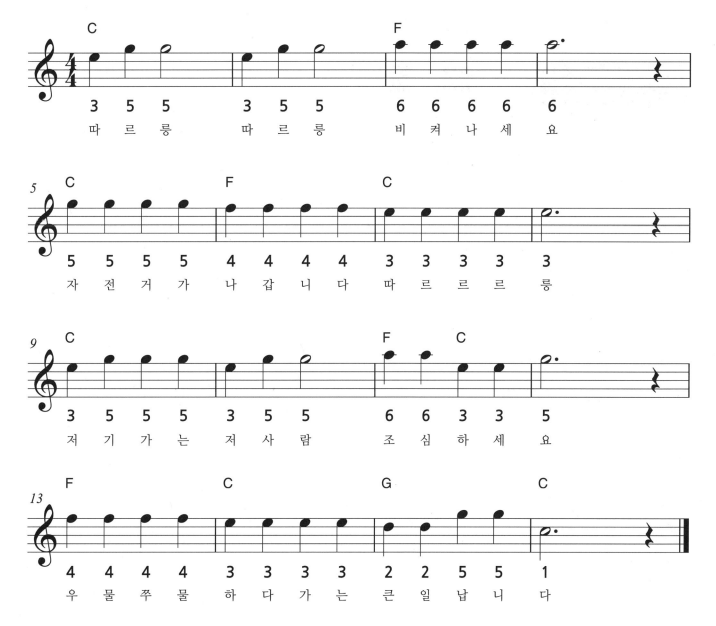

C

3 5 5 | 3 5 5 | F 6 6 6 6 | 6
따 르 릉 따 르 릉 비 켜 나 세 요

5 C 5 5 5 5 | F 4 4 4 4 | C 3 3 3 3 | 3
자 전 거 가 나 갑 니 다 따 르 르 르 릉

9 C 3 5 5 5 | 3 5 5 | F 6 6 C 3 3 | 5
저 기 가 는 저 사 람 조 심 하 세 요

13 F 4 4 4 4 | C 3 3 3 3 | G 2 2 5 5 | C 1
우 물 쭈 물 하 다 가 는 큰 일 납 니 다

51

작사 윤석중
작곡 외국곡

모범 연주 반주

C
1 3 5 1 3 5 6 6 6 5
무 엇 이 무 엇 이 똑 같 을 까

F C G7 C
4 4 4 3 3 3 2 2 2 1
젓 가 락 두 짝 이 똑 같 아 요

주먹쥐고

작사 작자미상
작곡 프랑스 민요

모범 연주 반주

C G C G C
3 3 2 1 1 2 2 3 2 1 5 5 4 3 3 2 1 2 3 1
주 먹 쥐 고 손 을 펴 서 손 뼉 치 고 주 먹 쥐 고

C F C F G
3 3 4 5 5 6 6 5 4 3 3 3 4 5 5 6 6 5
또 다 시 펴 서 손 뼉 치 고 두 손 을 머 리 에

C G C G C
3 3 2 1 1 2 2 3 2 1 5 5 4 3 3 2 1 2 3 1
머 리 는 하 나 눈 은 둘 이 요 코 는 하 나 입 도 하 나 요

곰 세 마리

작사·작곡 작자미상

C
1 1 1 1 1 3 5 5 3 1 5 5 3 5 5 3 1 1 1 1
곰 세 마 리 가 한 집 에 있 어 아 빠 곰 엄 마 곰 아 기 곰

C · · · · · · · G · · · · C · · · · · · · G
5 5 3 1 5 5 5 5 5 3 1 5 5 5
아 빠 곰 은 뚱 뚱 해 엄 마 곰 은 날 씬 해

C · · · · · · · G · · · · C · · · · · · · G · · · · C
5 5 3 1 5 5 5 6 5 1̇ 5 1̇ 5 3 2 1
아 기 곰 은 너 무 귀 여 워 으 쓱 으 쓱 잘 한 다

산토끼

작사·작곡 작자미상

C · · · · · · · · · · · · · G · · · · · C
5 3 3 5 3 1 2 3 2 1 3 5
산 토 끼 토 끼 야 어 디 를 가 느 냐

C · · · · · · · · · · · · · G 7 · · · · C
1̇ 5 1̇ 5 1̇ 5 3 5 2 4 3 2 1
깡 총 깡 총 뛰 면 서 어 디 를 가 느 냐

꿀밤 나무 밑에서

모범 연주   반주

작사 작자미상
작곡 미국 민요

1 1 2 3 5   3 3 2 2 1
커 다란꿀 밤   나 무 밑 에 서

3 4 5 í   6 í   5
그 대 하 고   나 하 고

í   í   7 5   6 6 6 6 5
정 다 웁 게   얘 기 합 시 다

1 1 2 3 5   3 3 2 2 1
커 다란꿀 밤   나 무 밑 에 서

꽃밭에서

작시 이효선
작곡 권길상

모범 연주 · 반주

그 옛날에

작사 작자미상
작곡 Thomas Haynes Bayly

모범 연주   반주

즐 거웠던 옛날 의 얘기를   다 시한번   들 려주오

그 리운옛 날의 그 노래를   한 번더불 러주오

모 든슬픔 은다 사 라지고   근 심걱정 은잊 어 버리리

그 대의사 랑변 함 없음을   다 시언약 해주오

스와니 강

작사 · 작곡 Stephen Foster

어머님 은혜

작사 윤춘병
작곡 박재훈

모범 연주   반주

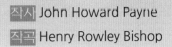
모범 연주   반주

작사 John Howard Payne
작곡 Henry Rowley Bishop

즐거운 나의 집

사계 중 봄

모범 연주   반주

작곡 Antonio Vivaldi

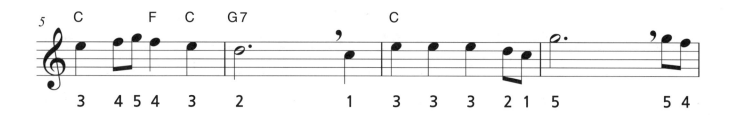

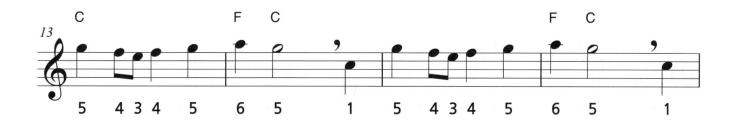

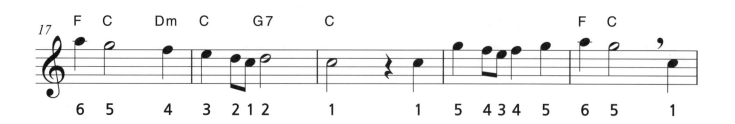

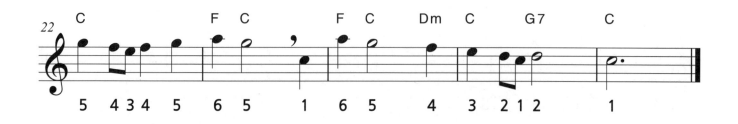

작사 이원수
작곡 홍난파

모범 연주　반주

등대지기

작사 유경손
작곡 영국 민요

모범 연주　반주

5· 3　3 3　1 2 1 6· 5·　5· 1　1 1 2 3 2　2 5·
얼 어 붙은 달 그-림자 물결 위에-자고 - 한

3 3 3　1 2 1 6· 5·　5· 1　1 7· 1 2 1　1 1
겨 울에 거센-파도 모으 는작-은섬 - 생

2　2 2　2 3　3 3　3 4　4 3 2 1 2　2 5·
각 하라 저 등 대를 지 키 는사 - 람의 - 거

3 3 3　1 2 1 6· 5·　5· 1　1 7· 1 2 1　1
룩 하고 아 름-다 운 사랑 의마 - 음을 -

62

모범 연주   반주

작사·작곡 윤극영

63

섬집아기

모범 연주 　 반주

작사 한인현
작곡 이흥렬

엄마가 섬 그늘에 — 굴 따러 - 가면 —

아기가 혼자 남아 — 집을 보 - 다가 —

바다가 불러주는 — 자 장 노 래에 —

팔 베고 스르르 르 — 잠 이 듭 - 니 다 —

작별

작사 Robert Burns
작곡 스코틀랜드 민요

65

어메이징 그레이스

모범 연주   반주

작사·작곡 작자미상

환희의 송가

작곡 Ludwig Van Beethoven

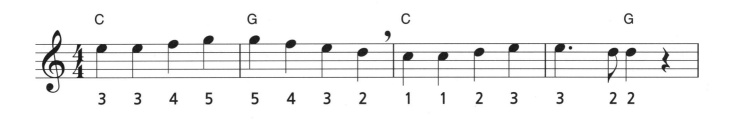

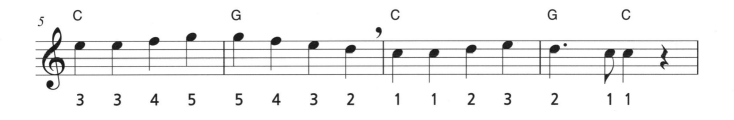

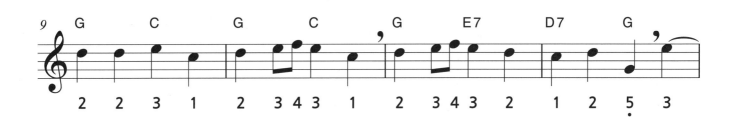

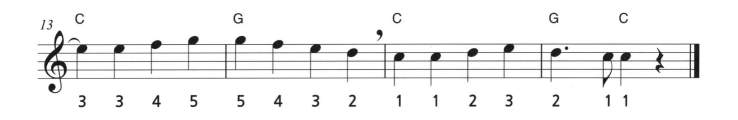

어머님의 마음

모범 연주   반주

작시 양주동
작곡 이흥렬

당신은 사랑받기 위해 태어난 사람

작사·작곡 이민섭

고요한 밤 거룩한 밤

모범 연주　반주

작사 Joseph Mohr
작곡 Franz Xaver Gruber

할아버지의 시계

작사·작곡 Henry Clay Work

모범 연주   반주

작곡 아일랜드 민요

오빠 생각

모범 연주 　반주

작사 최순애
작곡 박태준

뜸 북 뜸 북 뜸 북 새　논 - 에 서 울 고 -

뻐 꾹 뻐 꾹 뻐 꾹 새　숲 에 서 - 울 제 -

우 리 오 빠 말 타 고　서 울 가 - 시 면 -

비 단 구 - 두 사 가 지 고　오 - 신 다 더 니 -

언제나 몇 번이라도

작사 Wakako Kaku
작곡 Kimura Yumi

모범 연주　　반주

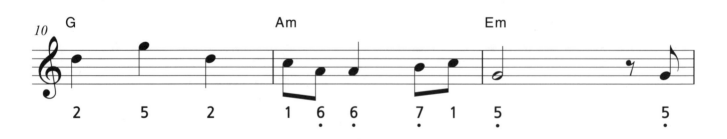

월량대표아적심

모범 연주   반주

작곡 Sun Yi, Weng Qing Xi

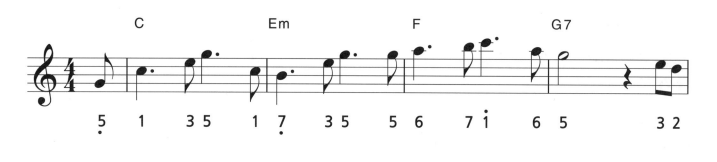

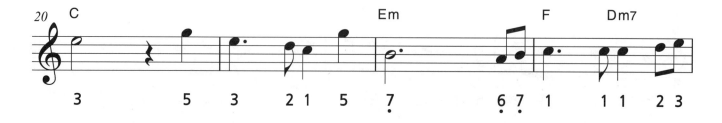

소나무야

모범 연주   반주

작사·작곡 독일 민요

소 나 무 야 소 나 무 야 언 제 나 푸 른 네 빛 소

나 무 야 소 나 무 야 언 제 나 푸 른 네 빛 쓸

쓸 한 가 을 날 이 나 눈 보 라 치 는 날 에 도 소

나 무 야 소 나 무 야 변 하 지 않 는 네 빛

한 사람

작사·작곡 이주원

바람이 불어오는 곳

작사·작곡 김광석

바람 이 불 어 오 - 는 곳　그 곳 으 로 가

네　그 대 의 머 릿결 - 같 은

나 무 아 래 - 로　덜 컹이 - 는 기 차 에

기 대 어　너 에게 - 편 지를 - 쓴 다

꿈 에　보 았던 - 그 길　그 길 에 서 있 -

La Novía

모범 연주   반주

작곡 Joaquín Prieto

가을은 참 예쁘다

모범 연주   반주

작사·작곡 박강수

85

별빛 같은 나의 사랑아

모범 연주　　반주

작사·작곡 설운도

바위섬

작사·작곡 배창희

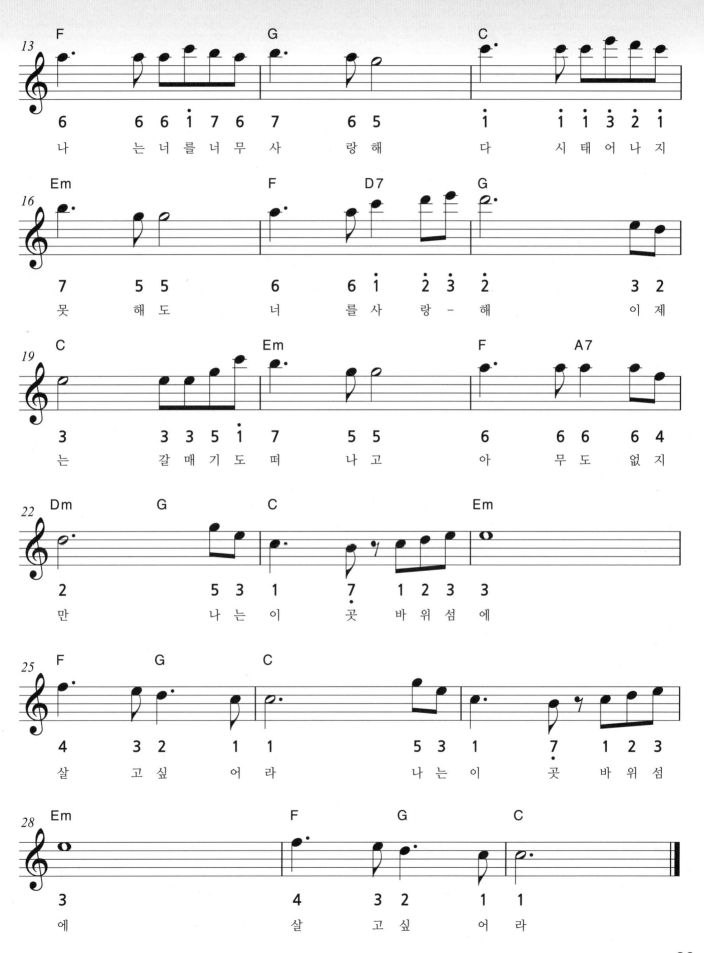

89

바다가 보이는 마을

작사·작곡 Hisaishi Joe

이웃집 토토로

모범 연주   반주

작곡 Miyazaki Hayao, Hisaishi Joe

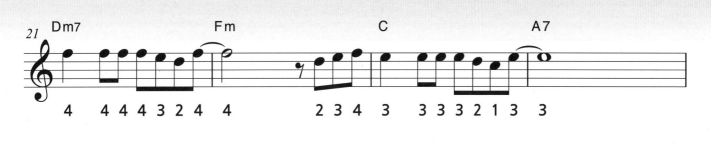

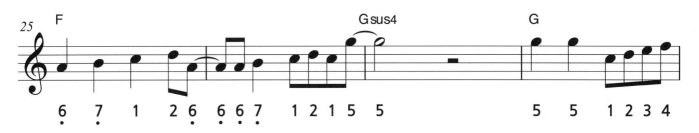

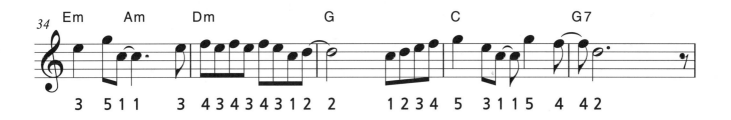

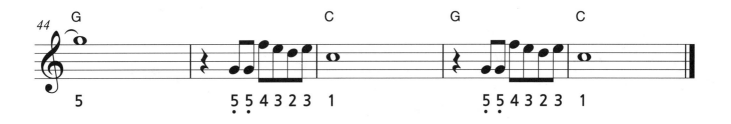

93

모란동백

작사·작곡 이제하

모범 연주　반주

봄처녀

모범 연주　반주

작사 이은상
작곡 홍난파

가을편지

작사 고 은
작곡 김민기

모범 연주   반주

S G

7 1 2 3 2 2 7 6 6 5 5 #4 3

가 을 엔 편 지 를 하 겠 어 요 – 누 구

엔 편 지 를 하 하 겠 어 요 – 누 구

엔 편 지 를 하 겠 어 요 – 모 든

3 D Bm Am Bm

2 2 2 3 7 2 1 7 1 7 #4 5

라 도 그 대 가 되 어 받 – 아 주 세

라 라 도 그 대 가 되 어 받 받 – 아 아 주 드 세

것 을 헤 매 인 마 음 보 – 내 드 려

Em Am D

6

3 3 5 6 6 6 6 5 6 7 1

요 낙 엽 이 – 쌓 이 는 날 외 로

요 요 낙 엽 이 – 흩 어 진 날 헤 매 드

요 요 낙 엽 이 – 사 라 진 날 모 드

9 G Em D7

2 7 6 5 3 5 6 5

운 인 여 자 가 아 름 다 워

여 여 자 가 아 아 름 다 워 워

는 여 자 가 아 아 름 다 워

G G Em

12 1. 2.

5 7 1 5 7 1 2 3 2 2 7 6 6 5 5 #4 3

요 가 을 요 요

16 D Bm Am D7 G

D.S. al Coda

2 2 2 2 7 2 1 6 7 7 1 5

가 을 요

97

실버벨

작사·작곡 Ray Evans, Jay Livingston

모범 연주　반주

거리마 다 오고가 는 많은사 람 들 웃으

면서기 다 리 던크리스 마스 – 아 이들 도 노인

들 도 은종을 만들 며 거리마다크 게 울 리

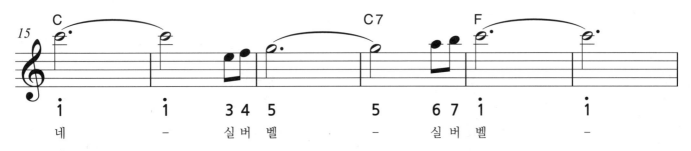

네 – 실버 벨 – 실버벨 –

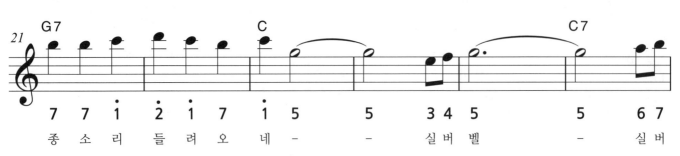

종소리 들 려 오 네 – – 실버 벨 – 실버

벨 – 크리스 마 스 다 가 오 네 –

산타루치아

모범 연주   반주

작사·작곡 이탈리아 민요

99

숨어 우는 바람 소리

작사 김지평
작곡 김민우

101

행복이란

모범 연주　반주

작사·작곡 이준례

이등병의 편지

모범 연주   반주

작사·작곡 김현성

저자 홍승희

현)수도국제대학원 음악학과 겸임교수
현)창의예술 교육그룹 문화예술 ON 대표
현) 한국예술문화교류협회 대표
현)그레이스하모니카 앙상블 대표
현)한국CMS예술협회 부회장
현)문화예술강사
Italy Gaspare Spontini 공립음악원 하모니카전공 박사
수도국제대학원 음악학과 오카리나, 하모니카전공 석사
미국 뉴욕 카네기홀 초청연주
일본 도쿄 카가와현 리리아홀 초청연주
유럽(런던, 폴란드, 빈, 불가리아, 로마 등) 초청연주
한국, 스페인 73주년 교류연주회
제8회 한일 교류연주회
성남아트리움 대극장 갈라콘서트
Millennium Symphony Orchestra 협연

저서
혼자서도 연주하기 쉬운 스튜디오 지브리 하모니카 연주곡집

http://www.hongseunghee.com

홍승희쌤의 친절한

크로매틱
하모니카

발행일 2025년 4월 25일
저자 홍승희

편집진행 전수아 · 디자인 김은경
마케팅 현석호 · 관리 남영애

발행처 (주)태림스코어
발행인 정상우
출판등록 2012년 6월 7일 제 313-2012-196호
주소 서울시 은평구 증산로 9길 32 (03496)
전화 02)333-3705 · 팩스 02)333-3748

ISBN 979-11-5780-403-0(13670)

©2025 SCORE All rights reserved.

● 이 책의 무단 전재와 복제를 금합니다. 파본은 구입하신 곳에서 교환해 드립니다.
● 이 책에 수록된 곡은 저작자 또는 저작권 대리자의 변동에 따라 일부 곡이 삭제되거나 변경될 수 있습니다.
● 이 책의 수록곡들은 저작권료를 지급한 후에 출판되었으나, 일부 곡들은 여러 경로를 통한 상당한 노력에도 저작자 또는 저작권 대리자에 대한 부분을 찾지 못하였음을 알려드립니다. 저작자 또는 저작권 대리자께서 본사로 연락 주시면 해당 곡의 사용에 대한 저작권법 및 저작자 권리단체의 규정에 따라 조치하겠습니다. 태림스코어는 저작자의 권리를 존중합니다.
● 이 책에 수록된 찬송가는 (재)한국찬송가공회의 허락을 받은 것입니다. 승인번호 : NO.43-001